Nota para los padres

DK READERS es un convincente programa para lectores infantiles desarrollado por un equipo de expertos en la didáctica del lenguaje, entre los que destaca la Dra. Linda Gambrell, directora de la facultad de educación Eugene T. Moore de la Universidad de Clemson. La Dra. Gambrell también ha sido presidenta de la Conferencia Nacional de Lectura y miembro de la junta directiva de la Asociación Internacional de Lectura.

Combinamos bellas ilustraciones y magníficas fotografías a color con textos entretenidos y sencillos, con el fin de ofrecer una aproximación amena a cada tema en la serie. Cada volumen de la serie DK READERS captará el interés del niño al tiempo que desarrolla sus destrezas de lectura, cultura general y pasión por la lectura.

El programa de DK READERS está estructurado en cinco niveles de lectura, para que pueda usted hacer una elección precisa y adecuada a las aptitudes de su hijo.

Prenivel 1 – Para principiantes
Nivel 1 – Primeros pasos
Nivel 2 – Lectura asistida
Nivel 3 – Lectura independiente
Nivel 4 – Lectura avanzada

Dado que la edad "normal" para que un niño empiece a leer puede estar entre los tres y los ocho años de edad, estos niveles han de servir sólo como una pauta general.

Pero sea cual sea el nivel, usted le ayudará a su hijo a aprender a leer…¡y a leer para aprender!

LONDRES, NUEVA YORK, MÚNICH,
MELBOURNE Y DELHI

Editora de serie Deborah Lock
Director de arte Tory Gordon-Harris
Editora en EE. UU. Elizabeth Hester
Ayudante de diseño Sadie Thomas
Producción Claire Pearson
Diseño DTP Almudena Díaz

Asesora de lectura
Linda Gambrell, Ph.D.

Adaptacíon en español
Editora Elizabeth Hester
Directora de arte Michelle Baxter
Diseño Stephanie Sumulong
Producción Chris Avgherinos
Diseño DTP Milos Orlovic

Traducción Producciones Smith Muñiz

Primera edición estadounidense, 2004
06 07 08 10 9 8 7 6 5 4 3
Publicado en Estados Unidos por DK Publishing, Inc.
375 Hudson Street, New York, New York 10014

D. R. © 2004 DK Publishing, Inc.

Publicado en Gran Bretaña por Dorling Kindersley Limited.

A catalog record for this book is available
from the Library of Congress

ISBN-13:978-0-7566-0639-8 (pb) ISBN-13:978-0-7566-0637-4 (hb)

Reproducción a color por Colourscan, Singapur
Impreso y encuadernado en China por L Rex Printing Co., Ltd.

La editorial agradece su generosidad en conceder
permiso para la reproducción de sus fotos a:
a=arriba, c=center, b=abajo, l=izq., r=der., t=parte superior

Ardea London Ltd: 18-19; **Corbis:** Stephen Frink 16-17; Jeffrey L.
Rotman 26-27; **Getty Images:** AEF - Tony Malquist 12t, 28c; Pete
Atkinson 2-3; David Fleetham 20tl; Jeff Hunter 6-7, 30-31; Herwarth
Voigtmann 4-5t; **Nature Picture Library Ltd:** Constantino Petrinos 23tr;
N.H.P.A.: Pete Atkinson 14-15; **Oxford Scientific Films:** Tobias
Bernhard 10-11; **Science Photo Library:** GUSTO 4l. Portada: **Getty
Images:** Stuart Westmorland.

Todas las demás imágenes © Dorling Kindersley
Para más información conéctese a: www.dkimages.com

Descubre más en
www.dk.com

DK READERS

PARA
1
prenivel
PRINCIPIANTES

El mundo marino

DK Publishing, Inc.

Vamos a nadar en el mar azul.

el esnórke

almeja

Este es
el arrecif
de coral.

los corales

¿Qué ves aquí?

el pez

el coral

el ojo

la alet[a]

los peces

la mancha

Los peces nadan entre el coral.

la aleta

  las tortugas

Las tortugas
juegan en
el mar.

el caparazón

la cola

los caballitos de mar

a aleta

el morro

Los caballitos de mar
se balancean hacia
delante y hacia atrás.

el brazo

 las estrellas de mar

La estrella de mar
se arrastra por
el fondo del mar.

los tentácul[os]

las medusas

La medusa
sube y baja
flotando en
el mar.

la campana

la aleta

la cola

Ahí viene el tiburón
buscando su comida.

los tiburones

a boca

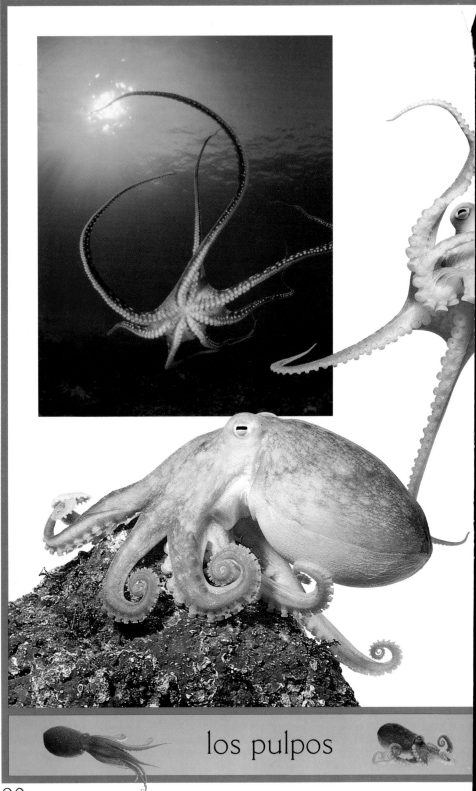

los pulpos

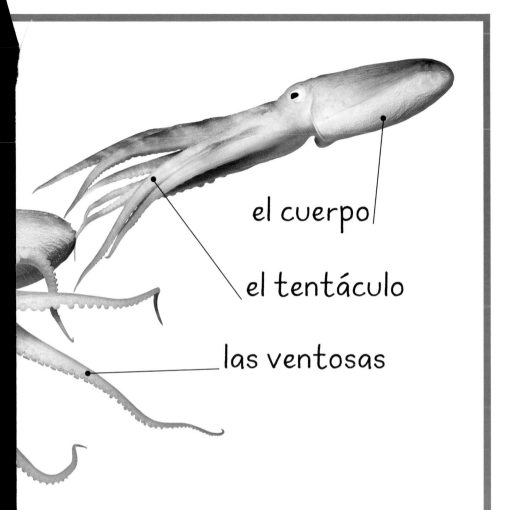

el cuerpo

el tentáculo

las ventosas

El pulpo sale
disparado a
esconderse.

la pinza

los cangrejos

la pata

Los cangrejos
viven en los corales
y en caracolas.

el caparazón

la cola

La raya se esconde en el fondo del mar.

las rayas

el ojo

la aleta

25

El delfín huye nadando del tiburón.

la boca

los delfines

la cola

la aleta

27

Las anguilas
vigilan al
tiburón.

la cola

las anguilas

la aleta

el ojo

El tiburón se
aleja nadando.

 ¿Dónde ves...

la aleta

las agallas

el morro

un pez ? ¿un coral ?

Índice ilustrado

el coral

página 6

el pez

página 8

la tortuga

página 10

**el caballito
de mar**

página 12

**la estrella
de mar**

página 14

la medusa

página 16

el tiburón

página 18

el pulpo

página 20

el cangrejo

página 22

la raya

página 24

el delfín

página 26

la anguila

página 28